# LES AROMATIQUES EN POTS

**Noémie Vialard**

rustica éditions

Dépôt légal : mars 2006
ISBN : 978-2-84038-977-4
N° d'éditeur : 48543N1
Deuxième édition

**www.rustica.fr**

# SOMMAIRE

# AVANT-PROPOS

Parfumer les plats que je cuisine avec passion ou transcender gaiement un aliment tout simple me conduit à m'entourer de plantes aromatiques. Je les cultive en pots, au jardin ou sur la terrasse, pour les avoir à portée de main.

Un simple rebord de fenêtre permet d'assouvir ses envies de verdure, de varier son alimentation en découvrant le plaisir des cueillettes.

Je cultive de bonnes classiques, comme le persil ou l'aneth, mais j'adore dégotter une jolie menthe ou un basilic étrange chez un pépiniériste collectionneur, lors d'une fête de plantes.

Car c'est un attrait de la culture des belles et bonnes : on peut acheter un godet pour trois francs six sous sur le marché, en jardinerie, chez un pépiniériste. On peut se faire plaisir avec un plant ou deux. Il est aisé ensuite de leur trouver une place.

J'aime y mêler quelques fleurs qui se mangent. Capucines, bourrache, soucis, pensées... Leurs couleurs apportent de la fantaisie et quelques pétales mélangés à une salade étonnent mes invités.

Je n'ai jamais aucun souci avec la culture de mes plantes condimentaires car, comme a écrit Colette : « On ne fait bien que ce qu'on aime », et j'aime ces plantes qui me fascinent par leurs saveurs et leurs parfums, leur histoire, leur symbolique et les aventures des hommes qui parcourent le monde à leur recherche.

Mon jardin d'herbes en pots, facile à organiser, est mon réservoir de vitamines. Je n'oublie jamais ce dicton qui voyage à travers les siècles sans vieillir : « Qui a de la sauge dans son jardin ne voit jamais le médecin. »

Noémie Vialard

# GÉNÉRALITÉS

*Vivre entouré de senteurs et de plantes savoureuses n'est pas réservé qu'aux heureux possesseurs de jardin. Les citadins puisent autant de satisfaction, de plaisir et de fierté en pratiquant la culture en pot ou en jardinière. Pour une réussite totale, voici quelques principes et conseils, toujours simples et de bon sens.*

# CHOISIR LA BONNE EXPOSITION

Il existe une plante aromatique pour chaque situation, au soleil ou à l'ombre. Presque toutes peuvent s'intégrer en milieu urbain, vivre dans une arrière-cour, sur un balcon ou même un rebord de fenêtre.

### mémo

Les plantes aromatiques et condimentaires regroupent l'ensemble des plantes qui secrètent des essences parfumées comestibles.

### Je conseille

*« Sur un balcon situé plein sud, j'ai installé dans un grand pot un arbuste à port parasol. Ainsi je peux abriter sous son ombre des plantes qui n'aiment pas le grand soleil. »*

## Au soleil

Beaucoup d'aromatiques aiment le soleil. Elles s'y dorent, s'y réchauffent pour mieux nous offrir leurs arômes. Elles évoquent les garrigues et rien que leur nom nous entraîne dans des senteurs et des saveurs du Sud. Thym, romarin, sarriette... Ces plantes aiment un sol bien drainé. Dans la nature, elles poussent en terre pauvre, caillouteuse, en plein soleil. En pot, il suffit de copier la nature. Mélangez du sable au terreau pour permettre à l'eau de bien s'écouler, soyez avare d'arrosage, sans toutefois les laisser se dessécher.

## Au frais

D'autres aromatiques semblent sorties tout droit de prairies fraîches. Elles supportent un petit coup de soleil sur le bout des feuilles si leur pied est au frais. Mais une ombre légère ne leur fait pas peur. Elles sont donc parfaites pour les balcons ou les cours situés au nord ou à l'ombre des grands arbustes. Elles ont pour nom menthe, mélisse, ciboulette... et n'ont aucun complexe par rapport à leurs consœurs du Sud, car leurs arômes frais, piquants, mentholés ou citronnés sont autant appréciés.

Ce n'est pas parce qu'elles aiment la fraîcheur qu'il faut les planter totalement à l'ombre. Elles ont besoin d'une bonne luminosité pour prospérer. Un léger couvert d'arbre, un mur à l'ouest, voire au nord leur convient.

Pour cultiver une grande quantité de plantes
sur un petit espace, utilisez un présentoir en escalier.

# OÙ ACHETER LES AROMATIQUES

Choisir et acheter les aromatiques qui vont décorer le balcon et agrémenter les plats est un moment excitant. Toutefois, restez calme. Revenir avec des plants que l'on n'arrive pas à positionner par manque de place est chose courante... alors, soyez raisonnable !

## Les catalogues de vente par correspondance et Internet

Vous y trouverez des classiques mais aussi des curiosités, suivant les catalogues. Avec Internet, vous pouvez commander des plantes introuvables en France. La première fois, faites un essai avec une petite commande. Si les plantes arrivent en bon état et sont bien étiquetées, vous renouvellerez l'opération.

En revanche, vous pouvez commander des graines sans restriction.

Après l'achat, il n'y a plus qu'à planter.

## Les jardineries

On y présente un grand choix de graines et de plantes courantes de bonne qualité. Parfois, il est aussi possible d'y dénicher une rareté.

## Les graineteries

Ces commerces sont en voie de disparition. Quel dommage ! Les graines et les plants classiques y sont proposés par des professionnels sérieux qui ne sont guère avares de conseils judicieux et personnalisés.

Symphonie en vert et bleu pour la sauge, le thym, le romarin, le persil et le cerfeuil.

## Les pépinières

Vous pouvez aller les yeux fermés dans ces lieux où les producteurs présentent les plantes qu'ils cultivent. Dans les pépinières de collection, vous trouverez quantité de plantes inconnues.

## Les marchés

Des plantes courantes et bon marché sont souvent diffusées par le producteur lui-même. Alors n'hésitez pas !

## Les grandes surfaces

Même si les prix sont souvent attractifs, soyez très vigilant sur la qualité des plantes proposées. Vérifiez avec attention qu'elles sont en bon état et qu'elles ont été bien entretenues.

## Les expositions

C'est l'endroit où l'on trouve « la » perle rare. On n'en revient jamais bredouille.

**Je conseille**

*« Je pratique l'échange entre amis, c'est la convivialité à l'état pur. En divisant une plante, je mets de côté les éclats en trop, pour les offrir aux proches... ou aux nouveaux voisins, pour faire connaissance, il n'y a pas mieux ! »*

# LA RUSTICITÉ DES AROMATIQUES

Il suffit de connaître son pays d'origine pour savoir si une aromatique est rustique ou non. Presque toutes les plantes vivaces condimentaires que l'on utilise couramment sont rustiques, avec quelques réserves toutefois pour les Méditerranéennes.

## Les annuelles

La plupart des annuelles peuvent être plantées en avril ou semées directement en pots en mars, sans crainte des dernières gelées : aneth, cerfeuil, coriandre, persil...

En revanche, ne plantez jamais un godet de basilic dans son pot avant le 15 mai. Si vous désirez le semer, faites-le en intérieur et mettez-le seulement en place après le 15 mai.

Lors de grand froid ou de vent violent, le laurier-sauce apprécie la protection d'un paillis.

## Les vivaces

Certaines aromatiques sont très rustiques et ont une résistance à toute épreuve, comme la ciboule, la ciboulette, la mélisse ou les menthes, qui n'ont besoin d'aucune protection hivernale.

En revanche, il faut prévoir un abri hivernal hors gel pour la verveine citronnelle, vivace non rustique.

## Les Méditerranéennes

Les plantes d'origine méditerranéenne passent l'hiver sans souci si la terre de leur pot est bien drainée et si elles sont à l'abri des vents. L'estragon, l'hysope, le laurier-sauce, la marjolaine, le

Sur la terrasse, près de la porte de la cuisine : laurier, menthe, ciboulette et persil.

romarin, la sarriette, les sauges et les thyms sont tous dans ce cas.

Il est néanmoins prudent de leur prévoir une protection si un grand froid est annoncé. Les **voiles d'hivernage** en intissé (appelés joliment « voiles de mariée ») réchauffent l'atmosphère de quelques degrés, et il suffit d'en entourer les plantes pour les protéger. Du plastique à bulles, des chiffons, du papier journal s'avèrent également utiles pour protéger les racines.

**Voile d'hivernage :**
il apporte aux plantes une protection contre le froid et le vent tout en laissant passser la lumière, l'eau et l'air.

# CULTIVER LES AROMATIQUES EN POTS

La plupart des aromatiques se cultivent fort bien en pots et demandent peu de place. Un rebord de fenêtre, un balcon ou une mini-cour peuvent être transfigurés par un ensemble de bacs, de jardinières et de paniers suspendus judicieusement étagés.

### mémo

Il ne faut jamais oublier que sur les **terrasses et balcons,** il y a une contrainte : celle du poids total de la surcharge qui ne doit pas dépasser 250 kg au mètre carré.

## Sur le balcon, la terrasse ou dans le jardin

La culture en pots n'est pas réservée aux terrasses et balcons. Quelques pots placés au jardin permettent un changement de décor aussi souvent que l'on en a envie. De jolies poteries ponctuent les massifs, prennent place près du coin pique-nique et décorent même le potager. Ainsi, rien de plus simple pour mettre les plantes les plus fragiles à l'abri pendant l'hiver.

Pour avoir de belles fenêtres gourmandes, et des herbes pour tous les goûts, cultivez en pots individuels les plantes qui ont des besoins particuliers et groupez en jardinière ou en grand pot celles qui ont les mêmes exigences. Le secret de la réussite réside dans l'association d'espèces qui demandent des soins similaires.

## Les semis

Semez vos aromatiques si ça vous amuse et si vous avez le temps, mais vous allez obtenir un grand nombre de plantes dont vous ne saurez peut-être pas quoi faire, si ce n'est en offrir le surplus à vos amis.

Le plus simple, pour la culture en pots, c'est d'acheter les plantes en godets ou en mini-mottes.

Le pétunia 'Coral Plume' illumine les potées de ciboulette, de sauge, de menthe, de basilic et d'estragon.

Basilic pourpre, estragon et ciboulette en attente de plantation.

**Je conseille**

*« Pour la plupart des plantes aromatiques, j'ajoute du sable de rivière au terreau de plantation afin qu'elles prospèrent bien. C'est un bon drainant. Je l'achète en petites quantités, en sacs de 3 kilos, dans les animaleries, au rayon aquariophilie. »*

### mémo

Si vous avez un jardin… et des taupes qui le sillonnent, récupérez la terre des taupinières. Elle est excellente comme base pour la culture en pots.

## La plantation

Avant de planter les godets achetés, faites tremper les mottes dans l'eau pendant une heure. Choisissez le mélange terreux adéquat pour chaque plante. Préparez les pots avec un bon drainage de quatre ou cinq centimètres, fait de gros graviers ou de billes d'argile expansée. À la plantation, faites attention à ne pas enfoncer le collet de la plante, ce qui la ferait pourrir. Il doit affleurer la surface.

## Les soins

Mis à part la nécessité de renouveler chaque année le terreau dans les petits pots et les jardinières et de surfacer les grands pots, les aromatiques ne sont pas exigeantes. Un terreau approprié à chaque plante, des contenants troués en plusieurs points, une bonne couche de drainage (billes d'argile, gros graviers), une fertilisation régulière, la suppression des tiges mortes, la taille régulière, spécifiée pour chaque plante, et un arrosage judicieux sont les gages de succès.

## L'arrosage

L'arrosage est certainement le geste le plus difficile à maîtriser, surtout pour la culture en pots. Comme il y a peu de terre, elle se dessèche très vite. L'arrosage doit être fréquent en été, tout en évitant de noyer les plantes.

Les plantes de garrigue (thym, romarin, sarriette...) aiment que la terre sèche totalement entre deux arrosages, alors que les plantes de fraîcheur (ciboulette, menthe, mélisse...) doivent rester en sol frais. Il suffit de les arroser juste quand la terre est sèche en surface mais pas au cœur.

**Je conseille**

*« Je n'oublie jamais d'installer mes pots sur des* ***soucoupes*** *ou dans des cache-pot pour éviter les écoulements d'eau d'arrosage. »*

En été, en plein soleil, arrosez vos plantes deux fois par jour si nécessaire. Ne laissez jamais d'eau dans la **soucoupe** après l'arrosage. Arrêter ces arrosages systématiques dès le mois de septembre.

N'arrosez pas ou peu en hiver, car les plantes souffrent rarement du froid mais plus souvent de l'humidité hivernale qui les fait pourrir. Arrosez parcimonieusement si vos plantes sont sous un auvent et ne reçoivent jamais d'eau de pluie

En été, l'évaporation est rapide : il faut parfois arroser les petits pots deux fois par jour.

## Les engrais

Le volume de terre étant restreint, la réserve d'éléments nutritifs est vite épuisée. Il faut donc régulièrement apporter de l'engrais. L'utilisation des engrais longue durée change la vie des jardiniers. Ils sont à libération lente et les éléments nutritifs se libèrent en douceur pendant toute la belle saison. À la plantation, enfoncez ces granulés agglomérés qui se présentent comme de gros bonbons aux noisettes concassées.

## Le nettoyage, la taille

Le nettoyage consiste à ôter les tiges abîmées, desséchées, les fleurs fanées.

## mémo

Les **jeunes pousses** étant les plus savoureuses, il est important de tailler toutes les vivaces début mars pour qu'elles repoussent bien vite. Ciboulette et estragon peuvent être rabattus au sol.

Certaines plantes, comme le basilic, demandent un pincement régulier, d'autres une taille systématique au printemps (thym, romarin…). Ne laissez pas monter à fleurs les aromatiques, sauf exception (voir la seconde partie de cet ouvrage).

N'hésitez pas à prélever régulièrement les **jeunes pousses**, elles se renouvelleront très vite. Essayez de tailler en boule, au fur et à mesure des cueillettes. Les plantes seront plus trapues et plus esthétiques.

## Départ en vacances

Pincez régulièrement le basilic pour qu'il soit bien trapu.

N'hésitez pas à prendre un jardinier « intérimaire » : voisin, ami, étudiant… Groupez vos pots, prévoyez l'arrosoir ou un tuyau près du robinet. Proposez-leur de cueillir ce dont ils ont besoin lorsqu'ils viennent arroser.

Si vous n'avez pas d'autre possibilité, installez un goutte-à-goutte et un tuyau poreux qui passe dans chaque pot, relié à un programmateur.

Paillez les pieds de chaque plante, cela conservera la fraîcheur plus longtemps (on trouve des bottes de paille en jardinerie).

## L'hiver

En novembre, jetez les annuelles qui ont terminé leur vie, protégez les plantes fragiles, rentrez les frileuses et supprimez presque tous les arrosages. Tout l'hiver, vous cueillerez le persil et le cerfeuil ainsi que les condimentaires persistantes.

À l'annonce d'un froid rigoureux, protégez vos pots et placez sur les plantes un voile d'hivernage. Ou utilisez des cloches maraîchères, en verre ou en plastique, pour protéger chaque pied. Les cloches anciennes, éléments de décoration exceptionnels, étant quasi introuvables, procurez-vous des copies, ravissantes et aussi pratiques.

# AMÉNAGER LE COIN D'AROMATIQUES

N'importe quel type de récipient peut faire l'affaire, à condition qu'il soit pourvu d'orifices de drainage afin que l'eau ne stagne pas. Choisissez un style de contenants pour que l'ensemble soit fonctionnel, élégant et décoratif.

## Pot en terre, en plastique ou objet détourné ?

Les pots de terre ont toujours leurs adeptes car la terre respire, et, esthétiquement, ils se marient bien à la simplicité des aromatiques. Qu'ils soient sobres, comme les pots de plantation, ou sophistiqués, comme les poteries de Florence, il y en a pour tous les goûts.

Les pots et jardinières en plastique ont l'avantage d'être légers, faciles à manipuler et peu chers. Ils permettent aussi d'arroser moins, l'eau s'évaporant moins vite.

Clin d'œil du « soleil plante » et du « soleil terre » aux aromatiques en pots.

Les paniers en osier font merveille avec ces plantes à l'allure toute simple. Ils ne durent guère longtemps, mais, même abîmés par les eaux de pluie et d'arrosage, ils restent beaux... à condition de ne plus les bouger de crainte qu'ils se désagrègent.

Bassines en zinc, pots à fraisier, saladiers, beaucoup d'objets détournés peuvent faire l'affaire. Suivez votre imagination, en restant dans les limites du bon goût !

### Je conseille

*« Les chats, nos si mignons compagnons, confondent avec délice la terre des grandes potées avec leur bac à litière. Pour éviter cela, je recouvre la terre d'une épaisse couche de billes d'argile. Ne pouvant pas jouer l'enfouisseur, mon chat retourne dans sa litière. »*

### mémo

Il est impératif de placer les pots et jardinières à l'intérieur des balcons et de les attacher solidement sur les rebords de fenêtre.

Les bacs à réserve d'eau sont très pratiques si vous vous absentez souvent. Mais ne les employez que s'ils sont à l'abri des pluies et attendez l'assèchement de la réserve pour arroser. En effet, celle-ci ne doit pas être remplie en permanence, cela ferait pourrir les racines.

## Trouver des astuces gains de place

Pour occuper un minimum d'espace tout en mettant les plantes en valeur, il suffit de trouver des astuces gains de place. Vous pouvez, par exemple, disposer les plantes sur plusieurs niveaux. Posez certaines d'entre elles au sol, mettez les autres sur une table, une chaise, un banc, une sellette... Ou encore disposez-les en espalier, sur une colonne, une étagère métallique, un escabeau... Tout leur convient.

N'oubliez pas non plus d'installer les retombantes dans des paniers suspendus ou de les accrocher au mur. Elles feront ainsi très bel effet.

## Quelques règles de composition

La présentation des aromatiques et la décoration qui les entoure doivent être soignées, voire recherchées. Apportez un peu de fantaisie à leur sobriété naturelle. N'hésitez pas à jouer avec le graphisme des contenants (jarres galbées, poteries élégantes, terres cuites sobres...) et les ports des plantes.

Évitez la monotonie, harmonisez, en répartissant pots et bacs de façon irrégulière ou, au contraire, symétriquement. Les formes, les volumes et les couleurs des plantes aromatiques, très variés, permettent de créer facilement une belle harmonie.

Si vous n'avez pas de réels talents de décorateur, cantonnez-vous à une seule couleur de pots déclinée en camaïeu, que vous assaisonnerez par-ci par-là d'un contenant d'une couleur complémentaire.

Une jolie idée de décoration consiste à recouvrir une petite table de simples et jolis pots de terre contenant des fines herbes.

Tout de bleu vêtu, ce balcon abrite, entre autres, une collection de basilics : ‘Oasis’, ‘Orient Dunkel’ et ‘African Blue’.

# VIVACES, ANNUELLES OU ARBUSTIVES

**Annuelle :** plante dont le cycle de vie est d'un an. Semée au printemps, elle meurt en fin d'année.
**Bisannuelle :** plante qui vit pendant deux ans. Semée la première année, elle fleurit la deuxième année et meurt ensuite.
**Vicace :** plante qui vit plusieurs années, voire plusieurs dizaines d'années.

Beaucoup d'aromatiques se cultivent en **annuelles** ou en **bisannuelles**. Mais on trouve aussi des **vivaces** rustiques (ciboulette, menthe, sauge...) et des espèces arbustives et semi-arbustives (laurier, thym, romarin...).

## Les vivaces

Achetez les vivaces (menthe, mélisse, ciboulette...) en godets au printemps ou en septembre, et plantez-les dans des pots trois fois plus gros que les godets, ou installez-en plusieurs en grand contenant, en les espaçant suffisamment.

Lorsque le pot devient trop petit, rempotez-les et profitez-en pour diviser le pied. Elles peuvent vivre ainsi plusieurs années. Mettez en pots les nouveaux bébés, n'hésitez pas à les offrir si vous n'avez pas suffisamment de place pour les élever.

## Les annuelles

Il est préférable d'acheter les annuelles en plants, en avril. Vous pouvez aussi semer mais vous aurez beaucoup de plantules, souvent trop pour la culture en pots. Semez chaque année, en début de printemps, les frileuses, comme le basilic, dans des terrines maintenues au chaud. Vous les repiquerez dans leurs pots définitifs après le 15 mai. Semez en avril, directement dans leurs pots, les plus robustes, telles l'aneth, la coriandre, la sarriette annuelle... Éclaircissez lorsque les semis ont quatre feuilles, en leur laissant l'espace suffisant pour bien se développer.

Quand les plantes sont adultes, laissez monter en graines quelques pieds pour récolter les semences. Vous arracherez ces annuelles en novembre.

Le thym rampant fleurit généreusement, bordant gaiement cette jardinière d'aromatiques vivaces.

## Les bisannuelles

Semez en place, de mars à septembre, les bisannuelles (persil, cerfeuil...), qui sont d'ailleurs souvent cultivées en annuelles. Les semis tardifs donneront une récolte au printemps suivant.

Bien souvent ces plantes se ressèment d'elles-mêmes, aussi, abandonnez-leur un contenant à vie.

## Les semi-arbustives

Au printemps, achetez en godets les semi-arbustives (sauge, verveine citronnelle...) et les **sous-arbrisseaux** (thym, sarriette vivace...). Plantez-les dans des pots trois plus gros que les godets. Multipliez-les par bouturage en été, dans un mélange moitié terre moitié sable.

**Sous-arbrisseau :** nom donné aux plantes ligneuses et naines.

## Les arbres et arbustes

Au printemps, achetez les arbres ou arbustes (laurier-sauce, romarin...) en godets ou en containers et installez-les dans des pots au volume de terre trois fois plus important. Multipliez-les par bouturage en août.

Ayez toujours à portée de main un arrosoir : la terre des pots sèche vite !

# FORMES ET COULEURS

**Utiles, les herbes condimentaires savent être aussi décoratives que des plantes d'ornement si vous exploitez leurs formes et leurs couleurs et si vous les mariez avec discernement.**

Les aromatiques présentent en effet un éventail de teintes très larges qu'il est intéressant d'associer à des fleurs ornementales. Quant à leurs ports très diversifiés, ils permettent tous les emplois.

## Les fleurs intéressantes

Laissez fleurir l'aneth, les thyms, la sarriette, l'hysope, la ciboulette et le romarin pour égayer les potées. Le feuillage de l'aneth et de la ciboulette devenant immangeable à la floraison, optez pour laisser la montée à fleurs d'un pied sur deux. Toutes les fleurs sont délicieuses, souvent plus douces que les feuilles.

## En petite potée

Le thym, la sarriette, la ciboulette poussent en jolies touffes rondes et font merveille en petits pots ou en jardinières.

Les thyms rampants (lanuginosus, serpolet), la sarriette rampante forment de beaux tapis parfumés, qui recouvrent leur contenant, en débordant même, ou habillent la base d'un arbuste.

En potées souples, les menthes, la mélisse, la marjolaine ont beaucoup d'allure.

## En grand pot

Les romarins, les lauriers-sauce imposent vite leur élégante silhouette sculpturale.

Ces derniers se prêtent très bien à la taille en topiaire. En cône, en pointe, en torsade, en boule, ils sont toujours du plus bel effet.

**Je conseille**

*« J'aime jouer avec le parfum des plantes, froisser les feuilles pour qu'elles exhalent leur fragrance. En positionnant mes pots, je place mes préférées près d'un passage quotidien. »*

Les capucines sont là pour le décor... et pour les gourmands ! Feuilles, fleurs, boutons, graines : tout se mange !

## Les associations esthétiques

Les feuilles de basilic, de persil, de cerfeuil, de marjolaine ou de sauge offrent de jolies nuances de vert, de pourpre, de doré et une grande diversité de formes qui se prêtent à des mariages heureux. Il est amusant de mêler aussi les senteurs émanant des aromatiques.

## Les associations de raison

L'esthétisme n'est pas la seule raison d'associer des plantes entre elles. Dans la nature, les plantes sont rarement ravagées par les insectes. La nature génère ses propres équilibres grâce à la complémentarité des espèces végétales. Des espèces se protègent mutuellement des maladies et des parasites et beaucoup attirent les insectes pollinisateurs. Ainsi la ciboulette et les menthes repoussent mouches, pucerons et moucherons. N'hésitez pas non plus à associer des fleurs, comme les soucis. Ravissants, délicieux dans les salades, ils éloignent les **nématodes**.

**Nématodes :** vers fins qui s'installent dans le sol et détruisent les plantes par les racines.

Les plus grandes plantes ombrent celles qui préfèrent la fraîcheur. Faites une potée de thym, d'hysope et de sauge. Non seulement la scène est ravissante, mais ces plantes ont les mêmes besoins de culture et le même pouvoir d'attirer les abeilles et de stimuler la productivité.

La monoculture, souvent pratiquée, détruit cet équilibre. Les bonnes associations végétales permettent aux plantes de se protéger mutuellement. C'est un premier pas vers la biodiversité et le respect de l'environnement.

# LES PRÉFÉRÉES DES ENFANTS

**Nos petits bambins n'aiment pas toujours croquer ces herbes dont on parsème les plats, mais ils aiment beaucoup les sentir et les toucher. Apprendre à les regarder et surtout à les cultiver leur donne envie de les goûter.**

En jardinant, ils vont comprendre le rythme des saisons, apprendre la patience, la joie et la fierté des récoltes. Adultes, ils se souviendront des parfums, de leurs réussites de jardinier et auront appris le goût des bonnes choses.

Aidez-les à entrer en action, à effectuer un vrai travail et à obtenir un résultat savoureux qu'ils seront fiers de partager.

Cet étiquetage charmant transforme les plantes en petits lutins.

Les enfants apprécient les parfums des aromatiques : confiez-leur un coin de balcon.

### Je conseille

*« J'offre souvent aux* ***enfants*** *de mes proches de jolis pots, des graines et des plants d'aromatiques. Ils sont toujours ravis car peu habitués à ce genre de cadeaux. »*

## Leurs plantes préférées

Les **enfants** « craquent » pour certains parfums. Ils aiment particulièrement les menthes à odeur de Ricqlès ( la menthe pouillot et la menthe naine de Corse), la mélisse aux senteurs de citron. Ils passent leurs doigts dessus, et, ravis, s'émerveillent devant leur fragrance.

## Savoir-faire

Donnez-leur des pots en terre de 15 ou 18 cm de diamètre et mettez à leur disposition une mini-table sur laquelle ils grouperont leurs « bébés ». Cela sera à leur portée pour l'arrosage et ils pourront cueillir leurs herbes favorites suivant leur bon vouloir.

## Apprenez-leur à maîtriser l'arrosage

Nos chers petits ont tendance à se servir de l'arrosoir... pour le plaisir. Apprenez-leur à tâter la terre avec le doigt et à n'arroser que lorsque la terre est sèche en surface. Faites-leur ranger à part les plantes qui préfèrent une terre fraîche (cerfeuil, menthe...).

# LES SOLITAIRES ET LES ENVAHISSEUSES

Il est toujours tentant de mêler des plantes qui, à l'œil, se marient bien pour créer des potées harmonieuses. Mais ce n'est pas toujours possible, certaines plantes aiment la solitude et d'autres voulant la place pour elles toutes seules.

## Trop envahissantes

Si vous plantez un pied de menthe à côté d'une autre plante, soyez assuré qu'en quelques mois, la menthe aura occupé tout l'espace, étendant ses racines qui « mangent » vite celles des voisines.

La mélisse est aussi une belle et bonne envahisseuse. Leur culture en pot, seules, leur convient tout à fait. Éventuellement, plantez une menthe et une mélisse ensemble, et pariez, pour voir celle qui va gagner...

## Les solitaires

Le laurier, véritable arbuste, est somptueux, seul dans un pot. Les autres plantes ne lui vont pas. Éventuellement, un thym rampant ou une sarriette couvrante peuvent cacher la terre sans gêner son port.

Le romarin aussi vit très bien seul. S'il est arbustif, il va s'installer entièrement dans le pot, et peut mesurer jusqu'à 80 cm de haut. S'il est rampant, il va déborder et même retomber, comme une sculpture, de son contenant. Il est aussi préférable de planter seule la verveine citronnelle, qui se rentre en hiver.

Le laurier-sauce se cultive fort bien sur tige ou demi-tige, seul dans son pot.

# LES AROMATIQUES À FEUILLAGE PERSISTANT

Un grand nombre de plantes aromatiques ont un feuillage persistant. Elles sont intéressantes non seulement pour les récoltes possibles toute l'année mais aussi pour leur beauté hivernale.

Les aromatiques à feuillage persistant permettent, en coordonnant les couleurs, de créer des jardinières décoratives et délicieuses à feuillage vert ou pourpre et même d'or ou d'argent.

## Les soins aux persistantes

Prêtez particulièrement attention à vos persistantes en fin d'automne. Elles sont sensibles à l'humidité hivernale, plus qu'au froid.

Donnez-leur un sol drainé pour que l'eau s'évacue bien, sinon, c'est la mort assurée pendant l'hiver. Pour éviter que l'eau stagne au collet, c'est-à-dire à la base d'où partent les tiges, vous pouvez y installer une collerette de fin gravier.

### mémo

Il est important de bien drainer les pots où vivent les plantes à feuillage persistant, sensibles à l'humidité hivernale.

## Formez de belles potées

Plantez des thyms dorés, panachés, laineux, des sauges tricolores et pourpres, de la sarriette rampante pour avoir des teintes et des textures différentes.

Associez à ces plantes des pensées aux multiples couleurs. Ces fleurs s'épanouissent tout l'hiver, éclairant les feuillages des condimentaires persistantes. De plus, elles sont comestibles et agrémentent les salades d'hiver. Les primevères, qui se mangent, elles aussi, sont de bonnes compagnes hivernales pour ces feuillages très présents. Au printemps, allégez-les avec des myosotis : ils ont peu de saveur mais décorent joyeusement tous les plats.

Le laurier, le thym et le romarin aiment se dorer au soleil.

# CRÉER UNE BANQUETTE PARFUMÉE

Vous pouvez fabriquer une banquette parfumée, inspirée du Moyen Âge. Elle fera l'admiration de votre entourage. Mettez-la en place au début du printemps, pour que les plantes aient le temps de s'installer pendant la belle saison.

## Savoir-faire

**Plessis :** sorte de barrière en branches tressées qui retient la terre.

Façonnez un coffrage, avec un **plessis**, des briques ou des planches, à hauteur de siège. Drainez le fond avec de gros cailloux : l'eau doit s'écouler en dessous sans problème. Remplissez de terre. Tassez bien, arrosez et attendez quelques jours avant de repiquer les plantes choisies. Le terreau doit arriver juste en dessous du niveau de la banquette.

Plantez des godets, tous les 10 cm, en quinconce. Arrosez. Attendez que la reprise soit parfaite pour vous asseoir dessus.

Au soleil, pour vous asseoir sur une banquette parfumée, choisissez un thym serpolet.

## Quelles plantes choisir ?

Si l'exposition de ce banc est plein sud, incorporez du sable drainant à votre terre et plantez de la sarriette rampante, du thym laineux ou du serpolet.

Si votre balcon (ou votre cour) est exposé au nord, optez pour une terre qui reste fraîche et plantez de la menthe pouillot ou de la menthe de Corse.

Nul doute que vous aurez envie de lire votre livre préféré assis sur cette banquette confortable et parfumée, facile à construire et à installer, aussi bien sur un balcon, sur une terrasse ou dans le jardin.

# CUEILLIR LES AROMATIQUES

Pour profiter au maximum de leur saveur, récoltez les aromatiques à la fraîche, lorsqu'elles perlent encore de rosée.

Toutefois, s'il s'agit d'une consommation immédiate, peu importe le moment de cueillette si la plante a suffisamment développé de feuilles.

Les jeunes pousses sont nettement plus parfumées avant la floraison. Mais cela n'empêche pas la récolte au fur et à mesure des besoins tant que la plante est en pleine croissance.

## Savoir-faire

Coupez net avec des ciseaux pour ne pas déchausser la plante en tirant dessus. Modérez les coupes en hiver sur les plantes persistantes.

### mémo

On peut faire macérer du romarin, de la sauge, du laurier, du thym ou de la sarriette dans de l'huile de tournesol. C'est une façon de conserver ces herbes puis de les utiliser au fil du temps.

Sur le rebord de fenêtre de la cuisine, cueillez vos herbes au fur et à mesure des besoins.

### mémo

Pour la conservation, la cueillette des feuilles se fait avant la floraison, et celles des sommités fleuries avant l'épanouissement total.

Pour la conservation (séchage et congélation), récoltez par temps sec, tout le printemps. N'oubliez pas d'indiquer sur le bocal ou le sachet le nom de la plante et la date de stockage.

Fin juin, pour avoir une belle remontée de feuillage, et fin octobre, avant l'hiver, rabattez les belles et bonnes buissonnantes (mélisse, marjolaine, menthe...). Congelez les branchettes les plus fraîches et faites sécher les autres. Les tiges abîmées serviront à parfumer les barbecues d'été ou les feux de cheminée d'hiver.

**Je conseille**

*« Lorsqu'il fait très beau, je fais sécher les herbes derrière le pare-brise de ma voiture. L'opération est si rapide (une heure ou deux) que les herbes gardent couleurs et parfums. »*

## Le séchage

Le séchage des feuilles se fait dans un endroit aéré, sombre et sec pour préserver saveurs et couleurs. Étalez sur des claies les petites plantes comme le thym et faites sécher la tête en bas les plus grandes, comme la marjolaine. Lorsque les plantes sont prêtes, émiettez-les grossièrement dans des bocaux opaques.

La marjolaine sèche, tête en bas, dans un local sombre et bien aéré.

## La congélation

Pour congeler, cueillez juste quand la rosée disparaît, rincez très rapidement les tiges, égouttez-les sur du papier absorbant et entreposez-les au congélateur en petites quantités, sur un plateau.

Lorsqu'elles sont congelées, il ne reste plus qu'à les ranger dans de petites boîtes hermétiques. Pour aller plus vite vous pouvez rouler les herbes dans du papier alu ou dans des petits sachets.

Pour conserver plus longtemps les herbes congelées à utiliser cuites, blanchissez-les 30 secondes à l'eau bouillante, et laissez-les refroidir avant de les mettre au congélateur, placées dans des minipots ou en sachets.

# LES INDISPENSABLES

*Parmi les nombreuses plantes aromatiques, certaines sont indispensables, tant pour leur utilité en cuisine que pour leur beauté et leur culture facile en pot. Et surtout parce qu'elles font partie de notre éducation, de nos souvenirs d'enfance et de nos habitudes.*

# L'ANETH

*Anethum graveolens*

**Temps de culture :**
l'aneth est bon à consommer deux mois après le semis.

**Récolte :**
cueillez les pousses à partir de juin et les graines en septembre.

Laissez monter à fleurs un pied d'aneth sur deux.

L'aneth, proche parente du fenouil, fait partie de la famille des Ombellifères et vient du Moyen-Orient. Elle s'est naturalisée dans les régions les plus chaudes d'Europe méridionale.

## Culture

Prévoyez deux ou trois grands pots, à utiliser au fur et à mesure de vos besoins.

Annuel, l'aneth durcit très vite et, pour récolter des feuilles fraîches et tendres tout l'été, il faut le semer tous les mois, d'avril à juin, directement en pot. Il aime le soleil ou l'ombre douce et un sol léger, composé de deux tiers de terreau et d'un tiers de sable. Éclaircissez à 20 cm. Arrosez légèrement et maintenez le sol humide.

Laissez fleurir un pied ou deux pour qu'ils fassent des graines que vous récolterez, pour les déguster, juste avant qu'elles ne soient mûres. Fin octobre, arrachez les pieds.

## Qualités

■ **Intérêt ornemental.** Cette élégante plante annuelle fleurit jaune, en ombelles aériennes. Haute de 70 cm, elle possède un feuillage fin, divisé en lanières filiformes.

■ **Partie utilisée.** Les feuilles, les fleurs, les tiges et les graines sont comestibles.

■ **Le goût.** L'aneth a une saveur anisée, épicée, chaude, douce, légèrement fumée.

■ **En cuisine.** L'aneth est indissociable des poissons et des crustacés.

■ **Séchage.** Les feuilles et les graines sèchent facilement et se conservent en récipients hermétiques.

■ **Congélation.** Cueillez les pousses avant la montée en fleurs. Cette plante se congèle très bien.

■ **Propriétés médicinales.** L'aneth facilite la digestion et aide à combattre l'anémie.

# LE BASILIC

*Ocimum basilicum*

Il existe de nombreux hybrides de basilic, tous plus délicieux les uns que les autres. Leurs saveurs, leurs parfums et leurs couleurs sont si différents qu'ils attirent les collectionneurs gourmands.

**Temps de culture :**
annuel, le basilic est consommable environ deux mois après le semis.

**Récolte :**
prélevez les pousses terminales de juin à octobre, supprimez les boutons floraux dès leur apparition.

## Culture

Semez cette annuelle à chaud, à 20 °C environ, en mars-avril, en caissettes ou en pots. Éclaircissez à 3 cm. Au bout de six semaines, repiquez en godets. Plantez, en pot ou en jardinière, après le 15 mai, en espaçant les plants de 25 cm.

Aromatisez huile et vinaigre avec les plantes aromatiques.

Si vous n'avez pas le temps de le semer, n'hésitez pas à acheter des plants de basilic tout prêts, dans les jardineries ou sur les marchés.

Le basilic aime le soleil, un sol riche, bien drainé mais qui reste frais, composé de deux tiers de terreau et d'un tiers de sable. Il exige beaucoup de chaleur et de nombreux arrosages pour prospérer et déteste le vent. Frileux et délicat, il craint autant l'humidité que la sécheresse. En climat chaud, installez-le à mi-ombre.

Pincez régulièrement l'extrémité des jeunes pousses pour que la plante ramifie et devienne touffue. Ne laissez pas la plante fleurir car elle s'étiole lorsqu'elle monte en graines.

**Je conseille**

*« Pour profiter toute l'année de l'arôme savoureux du basilic, je fais macérer les tiges avec les feuilles dans de l'huile d'olive. Je sers des tomates arrosées de cette huile et je décore les plats avec les feuilles ainsi conservées. »*

## Quelques espèces et variétés

- 'Grand Vert' : très productif ; grandes feuilles larges.
- 'Fin Vert' : hâtif, trapu. Parfait pour la culture dans les jardinières.
- 'Citron' : légèrement citronné, particulièrement délicieux sur les poissons.
- 'Purpureum' : pourpre presque violet, et frisé. Ravissant et exquis.
- 'Cannelle' : feuilles toutes rondes, aux parfums de cannelle et de girofle.
- 'Sacré de Thaïlande' : très épicé. L'Orient sur la table.
- 'Grec' : nain, parfait pour les rebords de fenêtre.
- 'Vert Frisé' : se marie parfaitement aux tomates.
- 'Anisé' : délicieux en tisane.
- 'Monstrueux Mammouth' : à planter en pot, éviter en jardinière.

**mémo**

Un **feuillage sain** est un feuillage frais, pimpant, où il n'y a pas trace de maladie ou de parasites.

## Qualités

- **Intérêt ornemental.** Le basilic forme des touffes au joli **feuillage sain**, à petites feuilles ou à grandes feuilles. Tous les tons de vert sont représentés ainsi que des pourpres, et même des presque bruns, suivant les variétés.
- **Partie utilisée.** Consommez les feuilles et les boutons floraux.

Les poteries méditerranéennes font l'originalité et le charme de cette terrasse.

Cette toute petite jardinière déborde de basilic, de thym, de ciboulette, d'estragon et de romarin.

■ **Le goût.** La saveur du basilic est très typée : épicée, citronnée, forte et très différente suivant les variétés.

■ **En cuisine.** Utilisez le basilic cru, ciselé sur des tomates, dans les salades. Il est à la base du pistou, qui a donné son nom à la fameuse soupe.

■ **Séchage.** Les résultats ne sont pas excellents.

■ **Congélation.** Le basilic supporte bien la congélation.

■ **Ses atouts auprès des autres plantes.** Plantez un pied de basilic près des tomates cerises car il les protège des maladies et des insectes indésirables.

■ **Propriétés médicinales.** Le basilic soulagerait les maux de tête. Il apaise, il est tonique et digestif.

# LE CERFEUIL

*Anthriscus cerefolium*

Venue du Caucase et d'Asie occidentale, cette ombellifère se récolte six semaines après le semis. Elle se ressème facilement si elle se plaît, surtout à mi-ombre, elle est donc idéale pour les balcons situés au nord.

**Temps de culture :**
le cerfeuil est bisannuel, mais il est souvent cultivé en annuel.

**Récolte :**
cueillez les feuilles tendres du cerfeuil d'avril à octobre

## Culture

Pour une récolte d'été, semez directement les graines de cerfeuil, de mars à mai, en gros pot, dans une terre riche en humus, à mi-ombre. Tassez bien. Au bout de dix jours, éclaircissez. Pour une consommation hivernale, semez en septembre.

Consacrez-lui un pot à mi-ombre fraîche. Il s'y ressèmera en permanence. Pour que le feuillage reste beau, pincez les boutons floraux dès leur apparition

Évitez le soleil violent et la sécheresse, afin que cette plante ne monte pas à graines trop rapidement.

### Je conseille

*« Je consomme le cerfeuil toujours cru, car il perd son arôme à la cuisson. »*

Placez le pot de cerfeuil à l'ombre légère.

## Qualités

- **Intérêt ornemental.** Le feuillage, léger comme une fougère, de cette ombellifère haute de 30 à 50 cm est particulièrement décoratif.
- **Partie utilisée.** Consommez les jeunes feuilles.
- **Le goût.** Les feuilles ont une saveur douce et aromatique, mêlée d'anis et de réglisse.
- **En cuisine.** Le parfum délicat du cerfeuil s'harmonise avec toutes les salades, les viandes, les poissons, les crudités et les légumes.
- **Séchage.** Le séchage délicat n'est pas recommandé.
- **Congélation.** Le cerfeuil se congèle très bien.
- **Ses atouts auprès des autres plantes.** Le cerfeuil éloigne les limaces.
- **Propriétés médicinales.** Le cerfeuil a des vertus apéritives, diurétiques et il calme la toux.

# LA CIBOULE ET LA CIBOULETTE

*Allium fistulosum* *Allium schoenoprasum*

**Temps de culture :** ces vivaces vivent des dizaines d'années.

**Récolte :** cueillez les tiges d'avril à octobre et les fleurs en juin.

La petite ciboulette et sa grande sœur, la ciboule, forment toutes deux de ravissantes touffes de feuilles cylindriques et creuses utiles aussi bien au jardin pour son esthétique qu'en cuisine pour les assaisonnements.

Ces plantes vivaces très rustiques, à racines bulbeuses, se cultivent de la même façon, leur différence fondamentale étant leur taille : la ciboulette mesure entre 20 et 30 cm, tandis que la ciboule, aux tiges plus larges, peut atteindre 60 cm.

Lorsque la plante fleurit, les feuilles deviennent dures. Si vous les laissez monter à fleurs, il suffit de rabattre les tiges qui ont fleuri pour que les feuilles tendres réapparaissent.

## Culture

La ciboulette (et la ciboule) se plaît bien en jardinière ou en pot, en terre fraîche où elle forme une belle et dense **touffe** de feuilles vert bleuté. Elle déteste la sécheresse. Sur un balcon très ensoleillé, elle apprécie l'ombre légère d'une plante plus grande et aime être arrosée régulièrement pendant la belle saison.

Assez gourmande, elle réclame un apport d'engrais organique chaque année. Sa friandise préférée, c'est le purin d'ortie !

Ne prenez pas la peine de semer la ciboulette. Au printemps ou à l'automne, achetez des plants en godets, plantez-les en pots individuels ou en gros pots ou jardinières, en espaçant les pieds de 30 cm pour la ciboulette et de 50 cm pour la ciboule.

### mémo

Chaque année, en avril, on divise les **touffes** en détachant les petits bulbes, à l'unité ou par petits paquets, et on refait d'autres potées.

Ces deux plantes portent d'autres noms. La ciboulette peut s'appeler « civette ». Quant à la ciboule, elle répond au joli nom de « cive »... d'où vient le mot « civet ».

Cette belle et dense touffe de ciboulette profite d'un arrosage régulier.

## Qualités

■ **Intérêt ornemental.** Ciboule et ciboulette forment de belles touffes drues et les fleurs sont ravissantes.

■ **Parties utilisées.** Tout se mange : les tiges, les fleurs et les mini-bulbes.

■ **Le goût.** Saveur fraîche et fine. La ciboulette a un goût prononcé proche de l'oignon de printemps, tandis que le goût de la ciboule est plus proche de celui de l'ail.

■ **En cuisine.** Utilisez la ciboulette (et la ciboule), toujours crue, ciselée sur les salades, sur les fromages frais, sur des plats cuisinés, dans une omelette... Le beurre de ciboulette accompagne bien les pommes de terre : malaxez du beurre salé ramolli avec une poignée de ciboulette hachée très fin, mettez au frais.

■ **Congélation.** Coupez en mai-juin les brins tendres, lavez, séchez, ciselez-les grossièrement et congelez-les en petits sacs ou en bocaux.

■ **Ses atouts auprès des autres plantes.** Ciboule et ciboulette éloignent les taches noires du rosier ainsi que la gale du pommier.

■ **Propriétés médicinales.** La ciboulette a des vertus antiseptiques et digestives.

### Je conseille

*« La floraison de la ciboulette est charmante, en boules rose-mauve (celles de la ciboule sont ivoire). J'utilise ces fleurs, délicieuses, en décor de salades... et même en petits bouquets ronds. »*

# LA CORIANDRE

*Coriandrum sativum*

**Temps de culture :**
cette annuelle se consomme deux mois après le semis.

**Récolte :**
cueillez les feuilles, d'avril à octobre, suivant la date des semis. Récoltez les fruits en août ou septembre, avant maturité complète.

Les surnoms de cette ravissante plante annuelle buissonnante, persil arabe ou persil chinois, nous entraînent vers des pays lointains, pleins de mystères et de saveurs étranges, situés au Moyen-Orient, là où la coriandre est née.

## Culture

Facile à cultiver, cette aromatique aime se dorer au soleil doux, dans une terre sableuse, fraîche et fertile.

Achetez vos plants en avril ou semez de mars à septembre, directement en pots, en petites quantités mais en plusieurs fois pour avoir régulièrement de jeunes plantes, en sol léger et bien drainé (un tiers sable, deux tiers terreau). Éclaircissez à 4 feuilles. Supprimez les boutons floraux dès leur formation pour que les feuilles restent tendres. Toutefois, laissez monter à graines quelques plants.

Installez 3 plants par pot de 20 cm de diamètre.

La coriandre est appelée aussi persil chinois.

## Qualités

■ **Intérêt ornemental.** La coriandre est une jolie plante de 70 cm de haut, au feuillage très fin, presque plumeux, et aux fleurs en ombelles rose très pâle.

■ **Parties utilisées.** Consommez les feuilles, les fleurs, les graines fraîches ou sèches.

■ **Le goût.** La coriandre possède un arôme puissant, très particulier, floral, fruité, épicé, avec une note d'agrume.

■ **En cuisine.** Les feuilles parfument les viandes, les légumes, les salades. Les fruits entrent dans la composition du curry.

■ **Séchage.** Les fruits sèchent bien et se conservent en bocal fermé.

Les ombelles de la coriandre, ravissantes, oscillent entre le blanc, le gris, le mauve et le rose.

■ **Congélation.** Congelez le feuillage avant la formation des fleurs.

■ **Ses atouts auprès des autres plantes.** Cette plante attire les coccinelles, ces bêtes à Bon Dieu gourmandes de pucerons.

■ **Propriétés médicinales.** La coriandre est apéritive, stimulante, diurétique...

## mémo

La coriandre demande un arrosage très régulier. Si la plante souffre de sécheresse, elle monte à graines très vite.

## Je conseille

*« Je cueille les graines mûres, je les laisse sécher à l'air libre puis je les place en bocal hermétique. Elles s'utilisent moulues, écrasées ou entières, suivant les plats. J'en agrémente mon mélange "poivre maison". »*

# L'ESTRAGON

*Artemisia dracunculus* var. *sativa*

**Temps de culture :**
cette vivace vit très peu de temps (3 ou 4 ans).

**Récolte :**
récoltez les tiges avec les feuilles d'avril à novembre.

Ce sous-arbrisseau buissonnant, né au Moyen-Orient, en Asie centrale et en Russie, est une plante vivace, rustique, mais de durée de vie assez éphémère. En cuisine, son goût prononcé marque les plats qu'il accompagne.

## Culture

Au printemps, plantez, en plein soleil, un pied d'estragon en sol bien drainé et riche en humus, composé de terreau de feuilles et de sable à valeur égale. N'hésitez pas à pincer régulièrement chaque tige pour que la plante se ramifie bien. Arrosez-la régulièrement pendant les fortes chaleurs.

Pour l'aider à passer l'hiver sans problèmes, rabattez la touffe de moitié en novembre et protégez-la jusqu'en mars, avec de la paille ou un voile d'hivernage.

La plante ne produisant pas de graines, pour la multiplier, bouturez-la ou divisez les racines.

L'estragon ayant une existence assez courte, par précaution, plantez un nouveau pied chaque année.

### mémo

Attention, à ne pas acheter un plant d'estragon de Sibérie (*Artemisia dracunculus* var. *inodora*), qui n'a aucun goût ou presque. La plante est plus résistante et plus imposante, mais sans aucun intérêt culinaire.

## Qualités

■ **Intérêt ornemental.** L'estragon forme une touffe buissonnante à port lâche de feuillage fin, linéaire, sans grand intérêt. Les fleurs sont insignifiantes.

■ **Parties utilisées.** Cueillez les tiges avec les feuilles.

■ **Le goût.** La saveur est très marquée : anisée, poivrée, piquante.

■ **En cuisine.** Les feuilles s'utilisent crues, sur les salades, ou cuites, pour accompagner un poulet. Elles aromatisent beaucoup de sauces, dont la fameuse béarnaise, et parfument le vinaigre. On fait aussi un délicieux digestif avec l'estragon et il entre dans la composition de nombreuses liqueurs de montagne.

Placez l'estragon au soleil, en sol bien drainé.

■ **Séchage.** Le séchage réussit bien à l'estragon qui garde ainsi tout son arôme.

■ **Congélation.** Les branchettes se congèlent très bien, blanchies ou non.

■ **Propriétés médicinales.** L'estragon possède notamment des vertus apéritives, stimulantes, diurétiques et il aide à la digestion.

## Je conseille

*« Je prépare souvent des glaçons à l'estragon pour accompagner les boissons fraîches. Au fond de chaque case du bac à glaçons, je pose une branchette d'estragon, je remplis d'eau et je fais prendre au freezer. »*

# L'HYSOPE

*Hyssopus officinalis*

**Temps de culture :**
l'hysope est une vivace, bien rustique, qui peut vivre de nombreuses années.

**Récolte :**
cueillez l'hysope sans restriction de mai à novembre et parcimonieusement durant l'hiver.

Dommage que l'hysope ne soit pas plus cultivée. Sa floraison, aussi spectaculaire que celle d'une lavande, son feuillage semi-persistant, son port bien trapu, sa saveur très particulière en font une plante de choix.

## Culture

Il suffit de planter un godet d'hysope au printemps, en sol bien drainé, composé pour moitié de sable et de terreau, et au soleil, pour profiter très vite de cette aromatique savoureuse. Arrosez-la régulièrement pendant l'été.

Multipliez-la par bouturage ou par division de racines, en avril ou en septembre. En mars suivant, rabattez la plante de moitié, pour qu'elle reste bien trapue.

## Quelques espèces et variétés

- *Hyssopus officinalis* 'Albus' : épis blancs.
- *Hyssopus officinalis* 'Rosea' : épis roses.
- *Hyssopus* 'Aristatus' : plante dense et basse (30 cm).

## Qualités

- **Intérêt ornemental.** L'hysope forme une belle touffe de 60 cm de haut au feuillage persistant et fin. Sa floraison en épis bleu violet, de juin à septembre, est remarquable.
- **Parties utilisées.** Cueillez les feuilles et les fleurs.
- **Le goût.** Le parfum de l'hysope est un mélange étonnant de thym et d'encens, à utiliser avec parcimonie.
- **En cuisine.** Crue, l'hysope est délicieuse dans les salades. Cuite, elle fait merveille avec les gibiers, la viande de porc et les soupes. Elle parfume délicatement les tartes à l'abricot, ainsi que les compotes de pêches.

### Fabriquez votre sel parfumé

Dans une terrine, placez une couche de sel, une couche de feuilles fraîches d'hysope, puis une couche de sel.
Au bout d'un mois, mélangez.
Aromatisez les pâtes, les pommes de terre et les viandes avec ce sel délicat.

■ **Séchage.** Le séchage des jeunes pousses, en mai, donne d'excellents résultats.
■ **Congélation.** Sans intérêt pour le particulier.
■ **Ses atouts auprès des autres plantes.** L'hysope éloigne les pucerons.
■ **Propriétés médicinales.** L'hysope est tonique, stimulante et antiasthmatique. Elle facilite la digestion des graisses.

La floraison de l'hysope est superbe : harmonisez le pot qui l'accueille.

### Je conseille

*« Je remplace souvent, dans les plats cuisinés, le thym et le laurier par l'hysope. Le goût, original, est un mélange des deux précédents. »*

# LE LAURIER-SAUCE

*Laurus nobilis*

**Temps de culture :**
arbustif et rustique,
le laurier-sauce peut vivre des dizaines d'années.

**Récolte :**
les feuilles se récoltent toute l'année.

Le laurier-sauce est, avec le thym, une des aromatiques aux saveurs les plus puissantes. La culture en pot lui convient très bien.

## Culture

Achetez le laurier-sauce en godet ou en container. Plantez-le en grand pot, dans un mélange bien drainé fait de deux tiers de terre à rosier et d'un tiers de terreau de rempotage avec une poignée de sable. Il aime le soleil et la chaleur mais n'aime pas avoir soif et déteste le vent. Arrosez-le régulièrement.

En hiver, à l'approche d'un gros froid, protégez-le d'un voile d'hivernage. Il gèle en dessous de – 10 °C.

Chaque année, au printemps, rempotez-le dans un pot plus grand. Lorsque le pot est très grand, contentez-vous de **surfacer**. Bouturez-le en août.

**Surfaçage :** opération qui consiste à remplacer en surface de la terre ancienne par un bon terreau neuf.

Pour conduire un laurier-sauce **sur tige**, achetez un plant d'environ 30 cm de haut et installez-le dans un pot de 30 cm de diamètre. Posez un tuteur et attachez-y légèrement la tige. Coupez régulièrement les branchettes latérales qui partent de la base et le long de la tige et laissez suffisamment de pousses au sommet de la tige. Lorsque la tige a atteint la taille désirée, rabattez les branches qui vont former la boule à 3 feuilles de la tige principale et étêtez pour qu'elle se ramifie. Il ne reste plus qu'à tailler, au printemps suivant, pour former une boule.

### Je conseille

*« J'ai toujours plusieurs lauriers **sur tige** en confection. Ce sont des cadeaux d'anniversaire pour mes amis jardiniers. »*

## Qualités

- **Intérêt ornemental.** Le laurier-sauce est un très bel arbre, au port parfait. En terre, il atteint 6 m mais en pot il dépasse rarement 1,50 m. Ses grandes feuilles vernissées sont persistantes.
- **Parties utilisées.** Ne consommez que les feuilles, et surtout pas les baies qui sont toxiques.

Quelle allure ! Ce laurier sur tige mérite bien ce pot somptueux !

## mémo

Cultivé en pot, le laurier-sauce reste très touffu et se prête à toutes les tailles : pyramide, boule, sur tige... On peut le disposer en isolé pour ponctuer un passage ou au milieu d'autres plantes au centre d'une terrasse.

■ **Le goût.** Très aromatiques, les feuilles ont une saveur épicée, amère, balsamique.

■ **En cuisine.** Les feuilles s'utilisent, fraîches ou sèches, parcimonieusement, dans les plats mijotés.

■ **Séchage.** Sèches, les feuilles conservent leur parfum pendant plusieurs années.

■ **Congélation.** Sans intérêt.

■ **Propriétés médicinales.** Le laurier-sauce allège les maux de tête. Vertus antiseptiques et antirhumatismales.

# LA MARJOLAINE OU L'ORIGAN COMMUN

*Origanum vulgare*

**Temps de culture :**
la marjolaine est une vivace qui vit plusieurs années.

**Récolte :**
coupez les feuilles au fur et à mesure des besoins, de mai à octobre.

La marjolaine, plante vivace qui pousse sur les talus un peu partout en France, est un origan. Son port buissonnant, les ravissantes fleurs pourpre-mauve qui sèchent facilement en font une de nos plus belles sauvages.

## Culture

Plantez les pieds d'origan dans un mélange de terreau et de sable à parts égales. Ces plantes aiment le soleil, mais attention, si elles détestent les excès d'arrosage, elles n'aiment pas non plus souffrir du manque d'eau.

Pour que la touffe reste élégante et que le feuillage soit consommable, rabattez fin juin la touffe à 2 cm du sol. Elle va se reformer très vite, toute fraîche. Vous la couperez à nouveau fin octobre. Multipliez la marjolaine par division de touffe, au printemps ou à l'automne.

### Je conseille

*« Je fais d'énormes bouquets de marjolaine, en juin, lorsqu'elle fleurit. Je la mets en vase, sans eau. Elle sèche ainsi et je la conserve jusqu'au printemps suivant. Je cueille sur ces bouquets décoratifs les feuilles au fur et à mesure de mes besoins. »*

## Quelques espèces et variétés

- *Origanum vulgare* 'Aureum Crispum' : origan doré nain.
- *Origanum* 'Kent Beauty' : très décoratif avec ses bractées roses.
- *Origanum compactum* tapisse le pot et retombe.
- *Origanum* 'Polyphant' : feuillage panaché, vert et blanc crème, bordé de rose.
- *Origanum* 'Gold Tip' : panaché de jaune.

## Qualités

- **Intérêt ornemental.** Tous les origans sont magnifiques. Ils forment de jolies potées naturelles. Certains ont une allure sauvage (la marjolaine), d'autres (*Origanum* 'Kent Beauty'...) ont des bractées presque géométriques.

L'harmonie de blanc et de gris s'anime grâce aux origans panachés de jaune.

■ **Parties utilisées.** Les feuilles fraîches ou sèches et les fleurs sont aromatiques.

■ **Le goût.** La saveur épicée, chaude est aussi légèrement amère.

■ **En cuisine.** Les feuilles s'utilisent crues ou cuites. Elles parfument les pizzas, les viandes en sauce, les pâtes...

■ **Séchage.** La marjolaine sèche très bien et garde longtemps son parfum. Faites sécher les tiges la tête en bas, dans un local sec, sombre et ventilé. Conservez-les dans un bocal hermétique.

■ **Congélation.** Sans intérêt.

■ **Ses atouts auprès des autres plantes.** C'est une bonne compagne pour toutes les plantes car elle éloigne les insectes indésirables.

■ **Propriétés médicinales.** La marjolaine est antibactérienne, antispasmodique et aide à la digestion.

## mémo

On enferme dans un petit sac de mousseline les herbes ajoutées lors de la cuisson d'un plat. Ainsi, il est facile de les retirer.

Cette grosse potée n'est que provisoire : offrez à ces plantes un plus gros pot ou rempotez-les séparément.

# LA MÉLISSE

*Melissa officinalis*

Appelée parfois citronnelle, cette plante est d'une culture si aisée qu'elle s'installe à vie dans un pot. Son parfum citronné éloigne les moustiques et elle fait merveille en infusion pour concocter de délicieux desserts.

**Temps de culture :**
la mélisse est une plante vivace à vie très longue.

**Récolte :**
cueillez la mélisse de mai à octobre, mais elle possède toutes ses qualités en juin, ainsi qu'en septembre si la plante a été rabattue fin juin.

## Culture

Achetez en mars ou en septembre un godet de mélisse, plantez-le à mi-ombre ou au soleil doux, en sol frais, souple. Rabattez la plante fin juin pour qu'elle reforme une belle touffe puis de nouveau fin octobre. Divisez la touffe tous les deux ans.

Arrosez-la régulièrement pendant tout l'été, voire deux fois par jour par grande chaleur.

Plantez la mélisse dans un pot à part, comme la menthe, sinon elle grignote très vite ses voisines.

La mélisse est très envahissante : installez-la, seule, dans un pot.

## Quelques espèces et variétés

- *Melissa* 'All Gold' : forme dorée.
- *Melissa* 'Aurea' : forme panachée verte et dorée.

## Qualités

- **Intérêt ornemental.** La mélisse forme de belles touffes régulières, au feuillage vert acidulé, de 40 à 50 cm de haut, ressemblant à de la menthe... ou a des orties ! Les fleurs sont insignifiantes. Il existe une forme dorée et une forme panachée verte et dorée particulièrement attrayantes.

■ **Parties utilisées.** Cueillez les feuilles.

■ **Le goût.** La saveur de la mélisse est un mariage subtil de citron et de menthe.

■ **En cuisine.** La mélisse se marie bien avec les poissons, les salades de fruits, les desserts lactés. Elle apporte son bouquet frais à de nombreuses boissons, alcoolisées ou non. Elle entre dans la composition des liqueurs de montagne.

■ **Séchage.** Le séchage donne d'assez bons résultats, mais les feuilles ne gardent le parfum que quelques mois. Cueillez les tiges en juin, par temps bien sec, suspendez-les dans une pièce sombre et bien aérée. Lorsqu'elles sont sèches, effeuillez-les et conservez ces feuilles dans des bocaux hermétiques.

■ **Congélation.** Les feuilles de mélisse se congèlent très bien.

■ **Ses atouts auprès des autres plantes.** La mélisse éloigne les insectes nuisibles : pucerons, moustiques, aleurodes, fourmis...

■ **Propriétés médicinales.** La mélisse, en tisane, a des propriétés calmantes et agit bénéfiquement sur le sommeil ainsi que sur les troubles gastriques et intestinaux.

**Je conseille**

*« J'installe quelques pots de mélisse près des fenêtres des chambres et sur la terrasse, là où je dîne les soirs d'été. La mélisse, grâce à son parfum de citron, repousse les moustiques et les moucherons. »*

## Préparez-vous une bonne tisane

Tout l'art consiste à ce que les principes actifs se libèrent.

Faites frémir de l'eau dans une casserole. Mettez les herbes fraîches ou sèches dans une théière. Versez l'eau. Comptez 20 à 30 g de plantes pour un demi-litre d'eau. Laissez infuser 10 min en couvrant.

N'hésitez pas à en faire une plus grande quantité à stocker au réfrigérateur. Les tisanes sont aussi délicieuses glacées, à boire tout au long de la journée.

# LES MENTHES

*Mentha ssp*

La menthe est certainement la plante aromatique la plus connue et la plus utilisée dans le monde, tant pour ses qualités gustatives que pour ses propriétés médicinales. Sans oublier qu'il est très facile de la cultiver.

**Temps de culture :**
la menthe est une vivace pouvant vivre des dizaines d'années.

**Récolte :**
cueillez les feuilles de menthe d'avril à octobre.

Il convient de parler, non de « la » menthe, mais « des » menthes, tellement le genre est important. Robustes, et même un tantinet envahissantes, il est évident que la culture en pots ou en jardinières est faite pour elles, à condition qu'elles y vivent seules... sinon elles se font un malin plaisir à « manger » les plantes voisines.

Les menthes sont remarquables pour leurs senteurs, leurs goûts, la facilité de leur culture et leurs utilisations en parfumerie et en cuisine. Pour le choix des variétés, laissez-vous guider par leurs parfums, n'hésitez pas à froisser une feuille, même à la croquer.

Comme la mélisse, la menthe est une envahisseuse : plantez-la seule !

## Culture

Pour cultiver les menthes en pots, rien de plus simple. La menthe est une plante vivace que l'on retrouve d'une année sur l'autre... de plus en plus importante !

Pour un jeune plant, un pot de 15 à 20 cm de diamètre est parfait. Les menthes aiment avoir les pieds au frais et la tête au soleil doux. Si votre balcon est plein sud, placez votre potée à l'ombre d'une plante plus grande et arrosez régulièrement pendant l'été. Et très rarement en hiver.

Rabattez les pieds de menthe fin juin pour favoriser de nouvelles pousses. Divisez régulièrement les touffes qui s'étendent très vite.

### Je conseille

*« Je cueille les tiges au fur et à mesure de mes besoins, je rabats très court fin juin, avant mon départ en vacances, pour avoir un feuillage tout neuf à mon retour, et à nouveau fin septembre, avant l'automne. J'en profite pour congeler et faire sécher cette récolte. »*

## Quelques espèces et variétés

- *M. spicata* 'Marrocan' : la menthe verte du Maroc (40 cm de haut), aux feuilles gaufrées, vert clair, touffues, idéales pour le thé à la menthe et le taboulé.
- *M. suaveolens* 'Variegata' : très joli feuillage panaché blanc crème et vert. Délicieuse en tisane.
- *M.* x *piperita* : la menthe poivrée, haute de 50 à 80 cm, tiges rouges, feuillage sombre. Une merveille en tisane.
- *M. viridis* : la menthe verte d'Europe.
- *M.* x *gentilis* : son léger goût de gingembre se marie bien à toutes les salades.
- *M. pulegium* : la menthe pouillot, rampante, surtout pour ses qualités décoratives et son parfum.
- *M. requienii* : la menthe de Corse, tapissante, aux minuscules feuilles comme de l'helxine.
- *M. longifolia* : son feuillage poilu ne la prédispose pas à la cuisine, mais elle est parfaite pour composer de beaux bouquets parfumés. Ses grappes de fleurs sont très grandes.
- *M. rotundifolia* : belles feuilles rondes, délicieuses en cuisine et pour faire de délicates boissons.

Cueillez les tiges de menthe régulièrement, pour qu'elles se renouvellent en permanence.

## Qualités

- **Intérêt ornemental.** De port souvent dressé et touffu, les menthes peuvent être rampantes (menthe pouillot) ou tapissantes (la menthe de Corse). Pour que les variétés touffues restent bien vertes, n'hésitez pas à prélever régulièrement les tiges.
- **Parties utilisées.** Consommez les feuilles et les fleurs.
- **Le goût.** Fraîche, mentholée, légèrement piquante, la saveur classique de la menthe est bien connue. Mais les

parfums et les goûts des menthes sont innombrables. Certaines ont un goût de « Ricqlès », d'autres de chewing-gum à la chlorophylle. Certaines ont même une saveur d'agrume ou de pomme. Évitez de consommer la menthe 'Eau de Cologne' en cuisine, mais parfumez-en vos placards.

Glissez quelques graines de capucines au pied de votre menthe...

■ **En cuisine.** La menthe s'emploie dans les salades, se marie bien avec les petits pois, les pommes de terre, les courgettes, les concombres. En Corse, elle est de toutes les omelettes, ce qui en fait un plat rafraîchissant. Elle va très bien au teint des salades de fruits et permet de concocter de délicieuses tisanes.

■ **Séchage.** Faites sécher les tiges, sans les laver, à l'abri de la lumière, dans un endroit aéré. Lorsque la plante est sèche, émiettez les feuilles grossièrement et conservez-les en bocaux.

■ **Congélation.** En mai et juin, cueillez des tiges tendres et fraîches. Lavez-les, séchez-les sur du papier absorbant et roulez-les dans plusieurs papillotes de papier d'aluminium que vous placez au congélateur.

■ **Ses atouts auprès des autres plantes.** La menthe éloigne les pucerons, les fourmis, les chenilles...

■ **Propriétés médicinales.** On ne compte plus les qualités de la menthe. Tonique, stimulante, digestive, antispasmodique, la tisane de menthe calme l'anxiété. Elle apaise les petites toux. Appliquée en compresses, cette tisane calme les piqûres d'insectes, les maux de têtes et les maux de dents. Et elle est antiseptique.

## mémo

Il ne faut pas hésiter à fureter dans les fêtes des plantes et dans les pépinières pour découvrir de nouveaux cultivars.

# LE PERSIL

*Petroselinum crispum*

**Temps de culture :**
bisannuelle souvent cultivée en annuelle. Vous pourrez la consommer environ deux mois et demi après le semis.

**Récolte :**
cueillez d'avril à octobre. Si vous couvrez le pot d'une cloche de verre ou de plastique transparent, vous pourrez le récolter tout l'hiver.

### mémo

Pour hâter la germination, la veille du semis, on peut faire tremper les graines dans de l'eau tiède. À la levée, on éclaircira à 15 cm de distance.

Grand classique, le persil, né dans le bassin méditerranéen, est indispensable en cuisine pour son goût et sa richesse en vitamines. Moins parfumé que le persil plat et le géant d'Italie, le persil frisé décore joliment les plats.

## Culture

Semez cette plante bisannuelle d'avril à septembre, dans un mélange composé de terreau et d'une poignée de sable, à mi-ombre ou au soleil doux. Le sol doit rester frais sans être détrempé. Le semis est simple, mais la levée longue : 3 semaines en moyenne.

Le persil frisé est fort décoratif, mais le persil plat est plus goûteux !

N'hésitez pas à acheter le persil en godet, on le trouve partout : vous gagnerez du temps ! Un plant pour un pot de 20 cm de diamètre est l'idéal.

En été, faites un arrosage régulier. Le persil semé en septembre vous permettra de le cueillir en hiver.

Le bouquet garni à portée de main !

## Quelques espèces et variétés

- Persil 'Commun' : plat.
- Persil 'Géant d'Italie'.
- Persil frisé.

## Qualités

- **Intérêt ornemental.** Le feuillage, vert profond, est magnifique, surtout dans la forme frisée. La touffe a tendance à devenir trop lâche, aussi n'hésitez pas à prélever souvent les tiges, en les coupant au ras du sol pour favoriser de nouvelles repousses.
- **Parties utilisées.** Prélevez les tiges et les feuilles.
- **Le goût.** La saveur du persil est chaude et herbacée.
- **En cuisine.** Incontournable dans le **bouquet garni**, il se consomme aussi cru, sur les salades, les légumes, les viandes...
- **Séchage.** Inintéressant pour le particulier.
- **Congélation.** Les bouquets de persil se congèlent très bien, blanchis ou non.
- **Ses atouts auprès des autres plantes.** Plantez un pied de persil près de vos tomates cerises : c'est un beau mariage de raison.
- **Propriétés médicinales.** Le persil a des vertus toniques, diurétiques et il aide à la digestion.

### mémo

Le persil entre dans la composition du classique « **bouquet garni** » : deux ou trois branches de persil, un brin de marjolaine, un brin de thym, une feuille de laurier. Rien n'empêche de varier cette formule.

L'élégance de cette scène est due à l'association des couleurs des feuillages, des fleurs et de la poterie en damier.

# LE ROMARIN

*Rosmarinus officinalis*

Précoce, ce petit arbuste typiquement méditerranéen fleurit dès la fin de l'hiver. Il s'acclimate relativement bien sous nos climats. La plupart du temps bleu mauve, les fleurs peuvent être roses ou blanches pour les variétés plus rares.

**Temps de culture :**
cet arbuste rustique vit plusieurs années, voire plusieurs dizaines d'années s'il est planté en condition optimale, comme nous vous le préconisons ci-contre.

**Récolte :**
cueillez sans crainte les branchettes toute l'année.

## Culture

Achetez le romarin en godet ou en container, plantez-le au printemps dans un gros pot. Offrez-lui un sol bien drainé, fait de deux tiers de terreau pour un tiers de sable, afin qu'il ne pourrisse pas en hiver. Il se plaît en plein soleil mais déteste les courants d'air et les excès d'eau. Il aime s'appuyer nonchalamment sur un mur pour s'y réchauffer.

L'hiver, si la température descend en dessous de – 10 °C, protégez-le avec un voile d'hivernage.

Au printemps, supprimez les branches abîmées, taillez-les juste après la floraison, assez court mais toujours au-dessus d'un départ de nouvelle branche. Profitez de cette taille pour le bouturer.

Ne taillez jamais le romarin en fin d'hiver : il est prêt à fleurir !

## Quelques espèces et variétés

- *Rosmarinus* 'Prostatus' : à port rampant.
- *Rosmarinus* 'Majorcan Pink' : à fleurs rose clair.

Rempotez rapidement le romarin dans un grand pot.

■ *Rosmarinus* 'Corsican Blue' : à tiges prostrées, bleu vif.

## Qualités

■ **Intérêt ornemental.** Le romarin est magnifique, aussi bien par son port, son feuillage que par ses fleurs. C'est une véritable sculpture végétale, surtout dans sa forme rampante.

■ **Parties utilisées.** Cuisi-nez les fleurs et les feuilles fraîches ou séchées, entières ou moulues.

■ **Le goût.** Le romarin a une saveur tenace, herbacée, camphrée, piquante, amère.

■ **En cuisine.** Utilisez le romarin parcimonieusement, car les arômes sont très puissants, sur les grillades, en bouquet garni, dans les boissons.

■ **Séchage.** Le romarin sèche bien et garde longtemps toute sa saveur.

■ **Congélation.** Aucun intérêt pour le particulier.

■ **Ses atouts auprès des autres plantes.** Il éloigne les pucerons.

■ **Propriétés médicinales.** Le romarin a des vertus apéritives, antiseptiques, diurétiques. Il est préconisé, en tisane, en cas de fatigue et de mauvaise circulation du sang.

### Au fil du temps

Depuis l'Antiquité, le romarin est réputé pour améliorer la mémoire. Shakespeare fait dire à Ophélie dans *Hamlet* : « Voici le romarin, afin qu'il t'en souvienne ». Symbole majeur des événements importants, le romarin est tressé en couronnes pour les mariages et les enterrements. Et au Moyen Âge, on le plantait devant la maison où, disait-on, il ne fleurissait que chez les gens droits et justes... À vous d'essayer !

# LA SARRIETTE

*Satureja montana*

La coquette sarriette vivace est très proche du thym, aussi bien dans son emploi que dans sa culture. Il existe une sarriette vivace rampante, délicieuse et ravissante, et une sarriette annuelle que l'on sème au printemps.

**Temps de culture :**
la sarriette vivace vit de 5 à 6 ans. L'annuelle se récolte 2 mois après le semis et vit jusqu'à la fin de l'automne.

**Récolte :**
consommez de mai aux gelées la sarriette annuelle, toute l'année la sarriette vivace.

## Culture

Achetez la sarriette vivace en godet et plantez-la en mars, dans un sol riche, léger et drainé, composé de terreau et de sable à parts égales. Elle a besoin de 25 cm pour bien se développer. Placez-la au soleil, dans un endroit bien chaud, car elle craint l'humidité.

La saveur des fleurs de la sarriette est plus douce que celle des feuilles.

Semez en mars-avril, directement en grand pot, la sarriette annuelle, dans le même sol.

Taillez chaque année, en mars, la sarriette vivace, en laissant toujours des départs de végétation sur les tiges. Rabattez aussi la sarriette vivace et rampante. Prélevez des extrémités de tiges en juillet ou août pour les bouturer, dans un sol fait d'un mélange à parts égales de terreau et de sable.

**Je conseille**

*« Pour cacher la terre, je plante la sarriette rampante à la base de mes arbres sur tige, comme un laurier-sauce ou un fruitier nain. »*

## Quelques espèces et variétés

- *Satureja montana* 'Citrodora' : au parfum de citron.
- *Satureja alternipilosa* : c'est la sarriette rampante aux innombrables petites fleurs blanches qui apparaissent au cœur de l'été.
- *Satureja hortensis* : sarriette annuelle.

## Qualités

- **Intérêt ornemental.** La sarriette vivace forme de jolies touffes de 30 cm et possède un feuillage semi-persistant. L'espèce vivace et rampante fleurit blanc, en fin d'été. Elle recouvre vite les pots et retombe gracieusement. Quant à l'annuelle, ses touffes sont attrayantes tout l'été.
- **Parties utilisées.** Prélevez les feuilles et les fleurs.
- **Le goût.** La sarriette a une saveur épicée, phénolée.
- **En cuisine.** Cette aromatique est en accord parfait avec les gibiers, le lapin, les salades, les soupes, les féculents.
- **Séchage.** Cette plante sèche très bien et conserve longtemps ses saveurs et ses parfums.
- **Congélation.** Sans intérêt pour le particulier.
- **Ses atouts auprès des autres plantes.** Elle éloigne les pucerons.
- **Propriétés médicinales.** La sarriette aide à la digestion, réduit les flatulences (d'ou l'intérêt d'en assaisonner les plats de féculents), ouvre l'appétit. Elle est stimulante, diurétique, et aide à la lutte contre les toux rebelles. Cette plante, appliquée fraîche, a la réputation de soulager immédiatement la douleur provoquée par une piqûre d'abeille ou de guêpe.

**mémo**

On peut faire sécher des branchettes de sarriette puis les ranger dans de petits pochons de tissu que l'on cache dans les armoires : c'est un antimite puissant.

# LES SAUGES

*Salvia officinalis*

Le genre *Salvia* regroupe plus de 600 espèces et des milliers de cultivars. Ici, c'est la sauge officinale, semi-arbustive, qui nous intéresse. En cuisine, c'est la plus appréciée et elle a mille vertus.

Toutes de velours et souvent colorées, les feuilles de sauge, fraîches ou séchées, relèvent les viandes blanches et entrent dans la composition de nombreuses tisanes de santé.

**Temps de culture :**
la sauge officinale est un sous-arbrisseau qui vit plusieurs années si la taille est faite régulièrement.

**Récolte :**
vous pouvez récolter les feuilles de sauge toute l'année.

*Salvia officinalis* 'Icterina', à feuillage panaché de jaune, a le même goût puissant que la sauge officinale.

## Culture

Achetez la sauge, en mars, en godet ou en container. Plantez-la en gros pot. Installez-la au soleil, en sol drainé, composé de terreau et de sable à parts égales.

Bouturez-la en juillet ou août, en piquant des extrémités de tiges de 10 cm, après avoir enlevé les feuilles de la base, dans un pot empli de sable, de tourbe et de terreau en trois parts égales.

Chaque année, début mars, rabattez le plus court possible les anciennes tiges, en laissant toujours un **départ vert.**

### mémo

Il est conseillé, en taillant, de garder un ou deux **départs verts** sur chaque branche. Si on coupe sur du vieux bois, la tige ne repart pas.

## Quelques espèces et variétés

- *Salvia* 'Icterina' : feuillage jaune et vert, floraison bleu violet.
- *Salvia* 'Tricolor' : feuillage gris vert, crème et rose, floraison bleu violet.
- *Salvia* 'Albiflora' : feuillage gris vert, floraison blanche.
- *Salvia* 'Purpurascens' : feuillage pourpre, floraison bleu violet.
- *Salvia* 'Berggarten' : larges feuilles gris vert, floraison bleu violet.
- *Salvia lavandifolia* : feuillage plus fin, parfum proche de celui de la lavande.

### mémo

Au printemps, même si la plante semble trapue, il est indispensable de la rabattre pour qu'elle ne se dégarnisse pas de la basse.

## Qualités

- **Intérêt ornemental.** Duveteuses et souvent à feuillage persistant et coloré, les sauges sont magnifiques... et le restent si vous prenez soin de les tailler chaque année. Sinon elles se dégarnissent de la base et deviennent dégingandées. La floraison en épis bleu violet est ravissante et a lieu en été.
- **Parties utilisées.** Récoltez les feuilles et les fleurs.
- **Le goût.** Les sauges dégagent un parfum balsamique bien caractéristique, très aromatique, épicé, camphré, piquant, légèrement amer.
- **En cuisine.** Employez la sauge modérément, car son parfum est puissant. Elle se marie bien avec les viandes de

porc, le gibier, les sauces, certains légumes comme les pommes de terre…

■ **Séchage.** Faites sécher sans restriction les feuilles de sauge : elles gardent longtemps leur parfum puissant.

■ **Congélation.** Aucun intérêt pour le particulier.

■ **Ses atouts auprès des autres plantes.** Fongicide et insecticide, la sauge repousse les limaces, les fourmis et les pucerons.

■ **Propriétés médicinales.** La sauge a toutes les vertus, c'est pour cela qu'on la nomme « la toute bonne » : elle est tonique, digestive, antiseptique, antispasmodique, diurétique, fébrifuge…

*Salvia officinalis* 'Berggarten' se différencie de la sauge officinale par son grand et large feuillage.

# LES THYMS

*Thymus ssp*

**Temps de culture :**
le thym est un sous-arbrisseau pouvant vivre plusieurs années si les conditions de culture sont bonnes

**Récolte :**
utilisez le thym toute l'année.

Le thym, symbole du soleil et du Midi, est un sous-arbrisseau buissonnant qui pousse dans les terres pauvres et sèches de la garrigue. Essayer de lui donner les mêmes conditions de culture est un gage de réussite.

## Culture

Achetez le thym en godet ou en container, Plantez-le au printemps, au soleil, dans un sol très drainé, composé de terreau et de sable à parts égales. En jardinière, plantez un pied tous les 20 cm.

Arrosez le thym parcimonieusement, en laissant sécher la terre entre deux arrosages. Multipliez-le par bouturage ou par **marcottage** en juillet-août.

Chaque année, en mars, ou en juin-juillet, juste après la floraison, coupez court, mais toujours au-dessus de départs de branchettes.

### mémo

Pour **marcotter** le thym (ou toute autre plante), il faut courber une tige sur le sol, la maintenir avec une épingle à cheveux ou un caillou et saupoudrer d'une bonne poignée de terre. Lorsque la tige a formé des racines, couper net et la mettre en petit pot.

## Quelques espèces et variétés

- *Thymus vulgaris* : le thym commun.
- *Thymus citriodorus* : le thym au fort parfum de citron.
- *Thymus citriodorus* 'Aureus' : arôme de citron et feuillage doré.
- *Thymus citriodorus* 'Bertram Anderson' : fragrance citronnée, feuillage vert chartreuse.
- *Thymus serpyllum* : le thym serpolet, rampant.
- *Thymus pseudolanuginosus* : le thym laineux, rampant.

## Qualités

- **Intérêt ornemental.** Étalé, rampant, dressé, buissonnant, vert, doré, panaché, le thym est très ornemental. Il se couvre de mai à octobre de fleurs blanches, mauves ou roses qui ne gênent en rien la croissance de la plante.

■ **Parties utilisées.** Cuisinez aussi bien les feuilles que les fleurs. Ces dernières sont délicieuses, plus douces que les feuilles.
■ **Le goût.** Le thym est aromatique, herbacé, amer.
■ **En cuisine.** Indispensable dans le bouquet garni, herbe de Provence par excellence, le thym est savoureux sur les grillades, les salades, les marinades, les fromages...
■ **Séchage.** Le goût reste intact pendant plusieurs mois, voire plusieurs années après le séchage.
■ **Congélation.** Aucun intérêt pour le particulier.
■ **Ses atouts auprès des autres plantes.** Le thym éloigne les pucerons et la piéride du chou. À planter à côté des potées de choux d'ornement.
■ **Propriétés médicinales.** Le thym possède des propriétés antibactériennes, antivirales, antispasmodiques, toniques, stimulantes, fongicides. Il atténue les toux et les rhumes et combat les troubles digestifs

## Je conseille

*« Je fais des potées, en grandes coupes plates, de thyms rampants aux mille parfums (serpolet, thym laineux...). Ils tapissent le pot, en débordent joliment et surtout ils sont très spectaculaires, grâce à leurs feuillages et leurs floraisons. »*

Le thym citron aime le plein soleil.

# LA VERVEINE CITRONNELLE *Lippia triphylla* (synonymes : *Lippia citriodora* ou *Aloysia triphylla*)

**Temps de culture :**
cette vivace non rustique peut vivre plusieurs années à condition d'avoir un abri hivernal.

**Récolte :**
cueillez les feuilles d'avril à octobre.

La verveine citronnelle est un sous-arbrisseau au feuillage lancéolé, à parfum de citron. Elle n'est pas rustique car elle est née au Pérou et au Chili. Mais la culture en pot lui convient très bien, elle s'y développe vite.

## Culture

Achetez un plant en mai et plantez-le dans un bon terreau additionné de quelques poignées de sable. Placez le pot au soleil et arrosez régulièrement pendant l'été.

### mémo

Il y a souvent confusion entre la mélisse, la verveine citronnelle et la verveine officinale (*Verbena officinalis*). Cette dernière n'est pas aromatique. Plante sauvage de nos régions, c'est la verveine à tisanes qui possède des vertus curatives.

En hiver, rentrez en pièce fraîche le pot de verveine citronnelle.

En octobre, abritez le pot dans une pièce claire où la température se situe entre – 3 °C minimum et 7 à 8 °C en moyenne.

Fin avril, après avoir rabattu la plante de moitié, vous l'installerez à nouveau en extérieur.

## Qualités

■ **Intérêt ornemental.** Le feuillage lancéolé, vert pâle est attrayant, mais la plante a tendance à se dégarnir du bas. La floraison mauve pâle, en août, est jolie mais rare sous nos climats. La plante peut atteindre presque un mètre de haut dans l'année.

■ **Parties utilisées.** Cueillez feuilles et boutons floraux.

■ **Le goût.** La verveine citronnelle a une saveur citronnée, très fine.

■ **En cuisine.** Utilisez la verveine en infusion, à boire fraîche, mais aussi pour parfumer les desserts, les salades de fruits et les liqueurs.

■ **Séchage.** Faites sécher les tiges en juin ou juillet, dans un lieu sombre, sec et chaud. Les feuilles ainsi conservées gardent leur parfum pendant plusieurs années.

■ **Congélation.** Sans intérêt pour le particulier.

■ **Ses atouts auprès des autres plantes.** La verveine citronnelle repousse les pucerons.

■ **Propriétés médicinales.** La verveine citronnelle aide à une bonne digestion.

### Je conseille

*« Je plante la verveine citronnelle dans un grand pot de 30-35 cm de diamètre et j'installe à son pied des annuelles bien touffues afin de couvrir la base souvent dégarnie : surfinias, pélargoniums à feuillage odorant, héliotropes.... »*

## Clafoutis aux mirabelles et verveine citronnelle

Portez 25 cl de lait à ébullition. éteignez le feu, ajoutez 10 feuilles de verveine citronnelle. Couvrez.

Préchauffez le four à 180 °C (th. 6).

Nettoyez 500 g de mirabelles bien mûres, ôtez les noyaux si vous le désirez.

Dans un saladier, versez 3 œufs, ajoutez 40 g de farine. Fouettez énergiquement.

Ajoutez 50 g de sucre. Mélangez. Incorporez le lait après avoir enlevé les feuilles de verveine citronnelle. Mélangez à nouveau.

Huilez un moule à gratin, posez les mirabelles, versez la pâte et enfournez pour 30 min. Servez tiède.

# PLANTES POUR LES TRÈS GRANDS POTS

Ne vous privez pas des plantes géantes, si vous avez la place de poser un très grand pot de 40 cm de haut et de côté minimum. À cause de leur grande taille, elles offrent une prise au vent de choix, aussi il leur faut un endroit abrité ou les protéger.

## Au soleil

### Le fenouil (*Foeniculum vulgare*)

Le feuillage plumeux, vert vif, et les ombelles de fleurs jaune chartreuse de cette vivace, haute d'un mètre environ en pot, sont très décoratifs. Son goût est anisé, très fort. Il existe une variété pourpre, encore plus élégante : *Foeniculum vulgare* 'Purpureum'. Installez un plant au printemps, dans une terre bien drainée, composée de terreau et de sable à parts égales.

### L'agastache (*Agastache foeniculum*)

Les épis violets de cette grande vivace (80 cm) se marient bien aux ombelles chartreuse du fenouil. Les feuilles ont un goût anisé, rappelant la réglisse.

Installez, au printemps, un plant au soleil, dans un pot profond, dans un mélange composé de terreau allégé d'une bonne poignée de sable.

Il existe beaucoup d'autres espèces et variétés d'agastaches, souvent moins rustiques.

**Je conseille**

*« Je place les pots de mes plantes géantes à l'abri d'un mur, pour que le vent ne les casse pas. Lorsqu'il n'y a pas de mur, je crée un paravent avec des cloisons en bois ou de grandes plantes, comme des bambous. »*

## À la mi-ombre

### Le cerfeuil musqué (*Myrrhis odorata*)

Le cerfeuil musqué est une élégante plante vivace, au feuillage vert clair découpé comme celui d'une fougère, haute d'un mètre. Son goût délicat et fin est légèrement

On concocte de délicieuses tisanes avec les feuilles de l'agastache, grande vivace d'ornement.

anisé. Installez un plant dans une terre qui reste fraîche, composée de terreau et d'une bonne poignée de sable. Ne laissez pas le mélange sécher entre deux arrosages.

### L'ache des montagnes ou livèche (*Levisticum officinale*)

Le céleri perpétuel, en pot, dépasse parfois un mètre de haut. Les grandes feuilles découpées, vert sombre, ont le goût caractéristique du céleri. Un morceau de feuille suffit à parfumer les soupes ou les plats de viande. Installez un plant au printemps, en pot profond, dans un mélange composé de trois quarts terreau et d'un quart sable.

### Je conseille

*« J'adore chiner des tuteurs, jolis ou rigolos, en forme de personnages ou de fleurs. Je les pique dans les pots des grandes plantes qu'ils vont soutenir lors des grands vents. »*

# INDEX

## Dans la collection la Vie en vert

**1.** 12 mois au jardin **2.** Cultiver les petits fruits **3.** 30 fleurs pour le balcon
**4.** Des roses pour le jardin **5.** 30 massifs à créer **6.** Semer, greffer, bouturer...
**7.** Les champignons des bois **8.** Les champignons des prés **9.** Les plantes de la maison
**10.** Choisir et planter un arbre **11.** Créer un petit potager **12.** Réussir un jardin de ville
**13.** Arbres et arbustes du soleil **14.** Les couleurs au jardin **15.** Une ruche au jardin
**16.** Élever des lapins **17.** Une vigne au jardin **18.** Les bulbes à fleurs
**19.** Parasites : les traitements bio **20.** Les astuces du jardinier
**21.** La cuisine des Savoyards **22.** Jardiner « bio » **23.** Pelouses et couvre-sol
**24.** Des arbres pour le balcon **25.** La cuisine des Bretons **26.** La cuisine des Provençaux
**27.** Élever des poules **28.** Les plantes de véranda **29.** Bien tailler ses arbres fruitiers
**30.** Les aromatiques en pot **31.** Bien tailler ses arbustes à fleurs
**32.** Créer un petit verger **33.** Bien soigner ses plantes d'intérieur
**34.** Les bonnes associations au potager **35.** Arroser sans gaspiller
**36.** L'éclairage du jardin **37.** Découvrir les orchidées **38.** Les oiseaux du jardin
**39.** Les petites charcuteries **40.** Les pains maison **41.** 12 mois au potager
**42.** Créer un petit bassin **43.** Jardin bio : vrai ou faux ? **44.** Les papillons du jardin
**45.** Conserves et chutneys maison **46.** Les bonnes recettes aux champignons
**47.** Cocottes et mijotés **48.** 12 mois au jardin
**49.** Comment faire son compost et ses engrais

## Crédits photographiques



Avec la collaboration de : Christine Grall
Conception graphique et réalisation couverture : Laurent Quellet et Sebastian Mendoza/Rustica
Conception graphique : Éric Mouton
Réalisation : Véronique Sommeilly / S puissance 3
Suivi de fabrication : Sabine Marioni

Photogravure : Altavia Lille
Achevé d'imprimer en août 2009 par Dedalo Offset (Espagne)
(F09083)